永松茂久

Shigehisa Nagamatsu

心に響く言葉

The power of words can change your life.

徳間書店

人生はたった一言から動き始める。

はじめに

ここから生きていく中で、迷ったとき、先が見えなくなってしまいそうになったときに、あなたを支え、そして勇気づける一言を贈りたい。
その思いからこの本は生まれました。

人には大きく分けて三つの出会いがあります。
一つ目が人との出会い。
誰と出会い、誰とともに歩くかによって、その後の人生が大きく変わります。
二つ目が場所との出会い。

例えば職場やコミュニティ、住む場所や新しく訪れた場所で出会うものの影響で、自分の意識が塗り替えられていきます。

そして三つ目。それは言葉との出会いです。

自分が発する言葉、人から聞く言葉、テレビやインターネットから飛び込んでくる言葉たちと毎日出会いながら、私たちは生きています。

そして人はそのたった一言で大きく傷ついたり、逆にそのたった一言で元気になります。


人は一瞬一瞬、心を発射台として行動に移します。

そしてその心の大半は、言葉で作られています。

どんな言葉とともに生きるか。

それはつまり、どんな心の状態で生きていくのかということになります。

そう考えたとき、「人生は言葉で作られる」と言っても過言ではないでしょう。

この本の中にある言葉が、少しでもあなたの心を軽くしたり、楽にしたり、またときには熱くするお手伝いができれば嬉しいです。

なおこの本は、どのページからでも読めるように、なるべく無駄な言葉は削り、読みやすさに重点を置いて作りました。

初めからでも、偶然開いたところからでも、また、目次を見て気になったところからでも、好きなところから読んでいただければと思います。

あなたの心に響きますように。

心に響く言葉
目次

第1章 自信が湧いてくる言葉

第2章

心を整える言葉

第3章

自分の軸を作る言葉

第4章

覚悟が決まる言葉

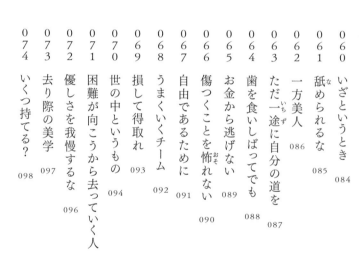

第5章

自分を成長させる言葉

第6章

人間関係が楽になる言葉

第7章

好かれる人になる言葉

第8章

仕事が楽しくなる言葉

第9章

明日がいい日になる言葉

ブックデザイン　小口翔平＋須貝美咲（tobufune）
編集担当　野間裕樹
編集協力　遠藤励子
企画協力　池田美智子

第1章

自信が湧いてくる言葉

自信

001

常識の外を見つめる

常識とはつまり、
その時代にたくさんの人たちが考えている
「当たり前」のことです。
そして、その常識は時代ごとに変わります。
そんな変わりゆく時代の中でも変わらないこと。
それはいつの時代も成功を手にするのは、
「非常識だ」と言われてきた人たちである、
ということです。

自信

002

思うことからすべてが始まる

「もっと高いところに登りたい」

と思った人間が、はしごを作りました。

「空を飛びたい」

と思った人間が、飛行機を作りました。

「この夢を絶対に叶えるんだ」

あなたがそう思ったときに、
その実現に必要な方法が見えてきます。

自信

003

リアルにイメージする

「自分はこうなるんだ」と決め、
覚悟した瞬間に未来は形作られ始めます。
脳は現実と空想の区別がつきません。
現実に起きていようが、頭の中のことであろうが、
脳の中ではそのイメージがリアルなのです。
それを知った今、あなたはどんな未来を描きますか？

自信

004

大器の条件

多くの人がやっていることに、
無理に歩調を合わせてはいけません。
粗削りでもいい。もっと尖《とが》りましょう。
「あいつのやることは、いつも訳がわからない」
多くの人たちからそう言われるくらいで、
ちょうどいいのです。
それが未来の大器の資格です。

夢が持てない理由

「自分には夢がない」

多くの人がそう思うのには原因があります。

それは
「夢は壮大で、人から褒《ほ》められるようなものであるべきだ」

という思い込みです。

決して大きくなくてもいい。

すごいことでなくてもいいのです。

自信

006

なぜあの人は勇気があるのか?

あなたにとって勇気のいることは、
あなた以外の人にとっても勇気がいることです。
あなたにとって恥ずかしいことは、
あなた以外の人にとっても恥ずかしいことです。
あなたにとって勇気があるように見える人は、
あなたより、そのことを先に知っただけです。

自信

007

その言葉に対してどう選択する？

例えば誰かがあなたのことを「バカ」と言ったとします。

ここで二つの選択肢があります。

「そうか、自分はバカなんだ」

「いや、自分はバカじゃない。あなたがわかっていないだけだ」

どちらを選ぶかで、反応が変わります。

その選択ができるのはあなただけです。

自信

008

素敵な勘違い、不幸な勘違い

結果を出せる人と出せない人の違い。

それは「勘違いの種類」です。

「できないかも」「失敗しそうな気がする」

これを不幸な勘違いと呼びます。

「できるかも」「うまくいくに決まってる」

これを素敵な勘違いと呼びます。

どちらの勘違いをするかで
手にする未来は変わります。

自信

009

「ない」ではなく「気づいていない」だけ

人間というものは、
他人の才能についてはうらやましがるのに、
自分の才能については気がつかないという
不思議な習性を持っています。
そして、なぜか、自分については
欠点ばかりに目を向けてしまいます。
「自分には才能がない」のではなく、
単に自分の才能に気がついていないだけなのです。

自信

010

自分の長所の見つけ方

うまくいくタネは往々にして、
「自分は呼吸するようにできることで、
人から驚かれること」
の中にあります。

自信

011

一流のメンタリティー

仕事でも恋愛でも趣味でもいい。
あなたは時間や寝食を忘れて何かに没頭したことはありますか？
この問いに「ある」と答えた人は必ず成功できます。
なぜか？
あなたが何かに打ち込んだその状態、
それが成功者のメンタリティーだからです。
そこを経験しているということは、
あなたもすでに
一流のメンタリティーを手にしているということなのです。

自信

012

いきなり100点を狙わない

チャレンジをためらういちばんの原因。
それは「最初からうまくいかせなければ」と思うことです。
たとえ失敗して笑われたとしても、
繰り返していれば必ず上達します。
野球でもピアノでも仕事でも、
いきなりうまくできる人などこの世にひとりもいないのです。

自信

013

小さな「できた」を積み重ねる

調子が出ないときは、ハードルを思いっきり下げて
小さな「できた」を増やしましょう。
「あ、できた」「これもできた」「やったあ、これも達成」。
小さな「できた」をいっぱい集めると
簡単にハッピーになります。

自信

014

メイドインジャパンの世界最強

サラリーマンとして生きている人たちへ。
断言します。
あなた方、日本のサラリーマンは世界最強の志士たちです。
規律を重んじ、完璧を追い求める細やかな対応力。
世界最高峰の商品を絶えず作り出す労働力。
大切な人のため、人知れず土台に徹して働くことができる、
そんな心優しき人たちに、
もっと自信と誇りを持ってほしいと心から願っています。

自信

015

「井の中の蛙《かわず》」の価値

「井の中の蛙、大海を知らず」。
この言葉には続きがあります。
「井の中の蛙、大海を知らず。
されど井戸の深さと空の青さを知る」。
世界を旅し、たくさんの視点を持っている人は素敵に映ります。
しかし、それと同じくらい、自分の育った環境を愛し、
その場所を深く見つめ、知っている、
そんな人も同じくらい素敵です。

自信

016

対等に向き合う

あこがれている人や、成功者と会ったとき、
下手《したて》に出る必要はまったくありません。
相手が本物なら、
堂々と接してくるあなたの肚《はら》の据《す》わり具合、
あなたの自信をすぐに見抜きます。

自信

017

どんな目をして生きていますか？

人間の価値は目に宿ります。
目に力を入れる。
これが習慣になると、
自然と顔が引き締まってきます。
目の奥にしっかりとした光を。
そして心の中に自分という芯を。

自信

018

幸せはどこにある？

人間にとってやる気が湧いてくる
大きな原動力になるものの一つ。
それは「獲得」です。
夢でもお金でも恋愛でも、
理想の自分でもなんでもいい。
何かを追いかけているときが
実は人はいちばん幸せなのです。

自信

019

それがあなたの進む道

道は開けます。
もっと正確に言えば、道「ならば」開けます。
本来あなたが進むべき道ならば、
なぜか最初からスーッと流れるようにうまくいきます。
まるで何かの見えない力に導かれるように。

第2章

心を整える言葉

020

自分を犠牲にしない

自分のことを考えるのはダメなことではありません。
自分のこと『だけ』を考えるのがダメなのです。

整える

021

まずは自分を安定させる

あなたが不安定な状態でいると、
周りの人に余計な心配や気遣いをさせてしまいます。
そう考えたとき、幸せでいることは、
「権利」ではなく「義務」なのです。
何があっても、いい状態の自分でいる。
周りのためにも、
まずはあなた自身を整えることがいちばん大切なことなのです。

022

「べき」を手放す

身軽に生きていくためにいちばん大切なこと。
それは、あなたの中にある無駄な思考、
つまり自分の中にある「べき」や「常識」が
生み出したストレスを手放すこと。
自分を縛る不必要なものを手放すことによって、
必要なものだけを把握できるようになること。
その安心感が心の整理整頓につながるのです。

整える

023

まずはひとりでできることから

自分の気分を上げてくれるものを見つけるときに大切なこと。
それは「自分ひとりでできることに絞り込む」ということです。
「おしゃれなカフェに行くこと」「映画を観ること」は、
あなたひとりでできます。
しかし、ここに他者を入れてしまうと、相手の出方次第で、
あなた自身の幸せや不幸が左右されることになってしまいます。
「あの人がもっとこうしてくれたら幸せになれる」
という考え方は、ある意味ギャンブルなのです。

整える

024

「迷ったらゴー」は間違いのもと

気の乗らない人からの飲み会やパーティー、ゴルフの誘い。
誘われた瞬間に感じる自分の感覚で
「本当はどうしたいのか」がなんとなくわかるはずです。
自分の「こうしたい」と「こうあるべき」を、
しっかりと差し引きしてから決める癖をつけましょう。
「迷ったらゴー」ではなく、「迷ったらストップ」するのです。

整える

025

人との比較の要因を手放す

SNSは使い方を間違えると、とてつもなく心を乱すものになります。
もしあなたが誰かの投稿を目にして心が乱れてしまうなら、
いったん距離を置いてみるのはいかがでしょうか?
他人のことに心を奪われていた時間を、
自分の気分を上げてくれることにフォーカスする時間に変えるのです。
大切なのは、
周りが何をやっているのかという人との比較ではなく、
あなたがどう気分よく生きていくかです。

026

充電してくれる人を持つ

自分のことを肯定してくれる人を持ちましょう。
落ち込んだときに、自分のことを肯定し、
元気を取り戻させてくれる人はとても貴重な存在です。
そんな人を持つことは、
自分を甘やかすことでも悪いことでもなんでもありません。
もし抵抗を感じるとすれば、
あなたは自分に少し厳しすぎるのかもしれません。

整える

027

威《い》張《ば》る人

威張るということは、要するに
自信がないと自分で証明しているようなものです。
そもそも自分が強い立場に立ったときに、
相手に対して威張るのと、優しくするのと、
どっちが本当に得をするのかもわからない程度の人なのです。
「威張る人はアホ」
そう思っておくくらいでちょうどいいでしょう。

悪口を言う人

人は自分のことを陰で悪く言われると、
萎縮して動けなくなってしまいます。
そしてもし今、
あなたに誰かの悪口ばかり言っている人がいるとしたら、
その人は、必ずと言っていいほどあなたがいないところで
あなたのことを悪く言います。
周りの人が絶対に自分の悪口を言わないと確信できたとき、
人はのびのびと力を発揮し始めます。
いずれにせよ悪口を言う人に近づいていいことなどありません。

整える

029

類は友を呼ぶ

類は友を呼びます。
嫌な人は、嫌な人同士で集まります。
人の不幸が大好きな人。
息をするように人の悪口ばかり言っている人。
そんな人に好かれるということは、
あなたもそんな嫌な人と同類ということになってしまいます。
嫌な人から嫌われるということは、
あなたが嫌な人と同じタイプではないということの証明です。
いい人でよかったですね。

030

相手は寝ている

嫌な相手のことを考えて、イライラして眠れなくなる。
そんなときは必ずあります。
しかし、あなたがその相手のことを考えて、
悶々《もんもん》と眠れない夜を過ごしているちょうど同じ時間、
その相手はいびきをかいてぐっすりと眠っています。
そんな相手のために「あなたの人生の貴重な時間」を
不愉快な思いで過ごすのは
とてももったいないことだと思いませんか？

整える

031

力を抜く

焦ったり、頭を抱え込んでも、そこで力んでしまっては
いいアイデアを封じ込めるだけです。
そんなときはいったんあきらめて、
ゆっくりと風呂にでも浸《つ》かるのがいちばんです。
体と心をゆるめると、「ポン」と
すごいアイデアが飛び出してくることは往々にしてあります。
最高のパフォーマンスを発揮できるのは、
力んでいるときではありません。
力んだ後に、適度に力を抜いたときです。

032

あなたの苦手は誰かの得意

できないことまで、あなたが抱え込む必要はありません。
それは周りにいる得意な人にやってもらえばいいのです。
それを無理してあなたがやろうとすることは、
かえってその人の活躍する場所を
うばってしまうことにつながります。
あなたは周りの人が苦手な、
自分の得意なことを一生懸命やればいいのです。

整える

033

何かが起きて当たり前

あらかじめ波乱を標準値に設定しておきましょう。
そうすれば、ほぼすべての出来事が
「想定内」と認識されます。
想定内であれば、何も怖いことはありません。

034

「もうだめだ」と思ったとき

人は誰も自分に不幸なことが起きたとき、
「もうだめだ」と思ってしまいがちになります。
しかし、これは実は終わりではなく、
あなたの新しい物語の始まりなのです。
本当の成長はいつのときも困難からスタートします。
大好きな人との別れも。
認めたくない失敗も。
そしていま心の中に持っている違和感もすべてふくめて。

整える

035

無理やりポジティブになろうとしない

つらいときは無理に笑ったりせずに、
思いっきり悲しめばいいのです。
涙を流せばいいのです。
やがて傷が癒え、心がゆっくり上り坂になるときがきます。
そのときはじめて肯定的に考え始めればいいのです。
下り坂のときに無理してポジティブになろうとする
必要はありません。

036

悩みがあるから強くなれる

あなたがいろんなことで悩んでいたとすれば、
それは悩みの数だけプラスを見つける機会に恵まれている、
という何よりの証明です。
腕立て伏せをすると筋力が強くなるように、
マイナスをプラスに捉《とら》える訓練をすればするほど
心が強くなります。
一生懸命悩んだということは、
それだけ心のトレーニングができたということなのです。
そして悩んだ数だけ、あなたは誰かを救えるようになります。

整える

037

未来のことで悩みすぎない

未来をガチガチに決めて
ひたすら計画どおりに進もうとしている人へ。
将来どうなりたいかなんて、
それほど真剣に考えなくてもいいのです。
未来はいろんな状況で変わるものですから。

038

機が熟す

期日を意識せずにできることを全力でやる。
すると、ある日勝手にうまくいき始めるときがきます。
そんなときというのは、
無理してそれをつかみにいこうとしなくても、
まるで自動操縦のように、あなたに幸運が流れ込んできます。
だから焦らなくていい。
今できることを、全力でやればいい。
機が熟したとき、道は勝手に開けます。

整える

039

その不安は現実化しない

いくら夢を持っても
頂点に立つ人はわずかしかいないのと同じくらい、
あなたの不安やあなたの恐れていることは、
ほとんどの確率で起こりません。

心を整える魔法の言葉

あなたに起こるすべてのことは、
人生を輝かせるためのエンターテインメントです。

第 3 章

自分の軸を作る言葉

041

「自分軸」と「自分の軸」

「自分軸」という言葉が流行《はや》っています。
しかしどうでしょう。
例えば人から「あなたって自分軸よね」
と言われると、なんとなくモヤッとしませんか？
それは「あなたってワガママよね」
と言われている気持ちになるからです。
「自分軸で生きる」ではなく「自分の軸を持って生きる」。
表現は似ていますが、意味合いは全く変わります。
だから私は「自分の軸」と表現することにしています。

軸

042

行動の軸を持つ

自分の軸を持っている人は、決断が早く、スマートです。
これを「あの人は決断力がある」「行動力がある」
と言う人がいますが、そうではありません。
「こうなったら自分はこうする」と
あらかじめ決めているからこそ、
早く、そして美しく動けるだけなのです。

軸

043

決断の基準

「周りの大多数が、こっちが正しいと言っているから、
自分もこっち」
「大多数がこっちと言っているから、自分は反対を選ぶ」
そうではなく、自分が進む道は、周りではなく
自分の軸に照らし合わせて決断しましょう。

軸

044

周りの正解を意識しない

「本当はどうしたいの？」
「やりたいことは何？」
周りの人から聞かれて、
即座に答えることができないとしたら、
それはあなたが自分の気持ちではなく、
「こういうときには、こう答えなきゃいけない」
と考えてしまっていることがいちばんの原因です。

軸

045

そのときどう向き合うか？

負けることはかっこ悪いことではありません。
負けた悔しさから逃げることがかっこ悪いのです。

軸

046

人は人、自分は自分

相手は相手の都合で動いています。
あなたもあなたの都合で動けばいいのです。
そこを無理に合わせ続け過ぎると、あなたが壊れてしまいます。

軸

047

主人公として生きる

どんな役でも、自分のポジションに誇りを持ち、
自分の意思でその役を演じきる人。
これが「人生の主人公として生きる」ということです。
いい主人公にはいい脇役が集まります。

軸

048

「すごい」に惑わされない

クルーザーを持っていたらすごい。
SNSのフォロワーが多いからすごい。
もっと有名になってすごいと言われたい。
世の中で「すごい」と言われるものにあまり価値を置きすぎないようにしましょう。
その世界は競争の地獄です。
その割に、たとえその「すごい」を手に入れても嬉《うれ》しいのは初めだけ。
そんなに人生をかけるほどのことではありません。

軸

049

小さなことに心を配る

人間は大きなことをしようとすると、
世間に嫌われるようなことを平気でしてしまいます。
それより、小さなことのために、
どのくらいベストを尽くせるかが大切です。

軸

050

かっこいい在り方

かっこよさが必要なのはリーダーだけではありません。
部下には部下の、後輩には後輩のかっこいい在り方があります。
うまくいく人はどんなポジションに立たされても、
その立場で、自分の役割を徹底的に実行します。
だから光り輝くのです。

軸

051

成功「し続ける」人の共通点

本当の意味で成功し続ける人たちには、
ある共通点があります。
それは、とにかく「与え好き」だということです。
こういう人たちは、
がむしゃらに成功を追いかけるというよりも、
いつも人を喜ばせることを楽しみながら生きています。

軸

052

スイッチが入る瞬間

人は自分の大切な人を笑顔にしたいと思ったとき、
「自分のため」をはるかにしのぐ力が湧き上がってきます。

軸

053

「なぜ？」を追求する

なぜ働くのか？
なぜこの仕事をやっているのか？
人が動くためのモチベーションの正体、それは『なぜ』です。
今、目の前にあることに対して意味が見えたとき、
人ははじめて自分の意思で動き出すのです。

軸

054

地位やお金を否定しない

地位やお金を否定する人は少なくありません。
しかし、地位やお金を手にした人は、
それらを一概に否定しません。
なぜか？
それは世の中の仕組みの中で、地位やお金があったほうが
人を幸せにできる確率が高くなることを知っているからです。
地位やお金が悪いのではありません。
問題は、それをどう使うかです。

天才の条件

天才という言葉があります。
これは天が、その人に
「これを通して人の役に立ちなさい」
と与えてくれたものです。
重要なポジションに立っても変わらない人たちは、
このことをよくわかっています。
だから威張ることなく、誰に対しても優しいのです。

軸

056

あなたという桜

京都のとある山のてっぺんに
多くの人が観光に来る一本桜があります。
名前を広げるために
無理して自分から出ていくのではなく、
この桜のごとく、
人がわざわざ会いに来てくれる。
そんな魅力的な自分になればいいのです。

軸

057

反省と後悔

反省はたくさんしてもいいのです。
しかし後悔だけはなきように。
反省せずに後悔ばかり。
その生き方だけは絶対にやめましょう。

第4章

覚悟が決まる言葉

058

諦《あきら》めそうになったとき

何かを手に入れるために大切なこと。
それは諦めないことです。
諦めるのは最後にとっておきましょう。
なぜか？
それがいちばん簡単なことだからです。

覚悟

059

「ここいちばん」に強くなる

生きていると必ず、「ここいちばん」という瞬間が出てきます。
ふだんいくらしっかりやっていても、
この「ここいちばん」を逃す人は失望されます。
逆に、ふだんは目立たないのに、
土壇場で活躍して人をあっと驚かせる人もいます。
常に想定しておきましょう。
常に準備しておきましょう。
備えさえあれば、あとは少々ボーッとしていても大丈夫です。

060

いざというとき

大事な友人が助けを求めているとき。
病気になったとき。
その人の周りから人が離れていったとき。
そんなときこそ駆けつけずに、いつ駆けつけるのでしょうか。
「大切な人が岐路《きろ》に立たされたときは、
何をおいても絶対に駆けつける」
あなたの辞書に
そう書き込んでおいてください。

舐《な》められるな

生きていると、
残念ながら嫌なことを言う人に遭遇することもあります。
そんなとき、たまには言い返しましょう。
笑って済ませていると、
その手のタイプはさらに上からマウンティングしてきます。
逆に一度でも咬《か》みつき返すと、
二度とあなたに舐めたことはしなくなります。
私はあなたの応援団ですし、聖人ではないので言います。
一度だけでいい。
右の頬を叩《たた》かれたら、三倍にして返しましょう。

覚悟

062

一方美人

人間のイメージというのは不思議なものです。
誰からも好かれようとすると、
八方美人のレッテルを貼られるようになります。
逆に好きな人を限定し、
徹底的に大切にしている人のほうが、
一目置かれることだってあります。
誰にでも無駄にヘラヘラする必要はありません。
その笑顔は大切な人に向け続けてください。
そうすれば強烈な味方が手に入ります。

覚悟

063

ただ一途《いちず》に自分の道を

人はみんな生きる道が違います。
他人の話を聞いてうらやましがる前に、
あなたにはあなたの道があります。
自分の道をただ一途に歩いてください。
そうすればいつか必ず頂上にたどり着きます。
そしてそこには
あなたが会いたかった人たちがたくさんいます。
頂上は狭いのですぐに出会えるのです。

覚悟

064

歯を食いしばってでも

ときには痩せ我慢をしなければいけないことはあります。
そんなときは歯を食いしばってでも我慢です。
「かっこつけるな」ではありません。
「かっこくらいつけなくてどうする」なのです。

覚悟

065

お金から逃げない

「金、金、金」という人から人は離れます。
しかし逆に、いくら愛に満ちていても
「適正にお金を稼ぐ」
という責任から目を背けると、結果的に人が離れていきます。
まずはしっかりと稼ぎましょう。
力がないと大切な人は守れませんから。

覚悟

066

傷つくことを怖《おそ》れない

傷つくことを必要以上に怖れて、妙に遠慮したり、
必要以上に相手に譲ったりという
安易な方法を選んではいませんか?
もしそうだとすれば、言い方を選ばずに言えば、
それは相手と向き合うことだけでなく、
自分の人生からも逃げていると言えます。

覚悟
067

自由であるために

社会や他人に迷惑さえかけなければ、
あなたは好きなように生きていいのです。
自分の人生の責任は自分で取る。
その覚悟さえできれば、あなたは今すぐ自由になれます。

うまくいくチーム

「みんなで力を合わせてがんばろう！」
と言い合うのは、一見、美しい光景です。
しかし、それでうまくいくのは、
各自が自立している場合のみに限ります。
もし、お互いに依存するだけの集まりなら、
ぜったいにうまくいくことはありません。
大切なのは「ひとりで立つ」という覚悟。
それがうまくいくチームの一員になる条件です。

覚悟

069

損して得取れ

少々、損をしても筋を通すことです。
結局最後は、こういう人が勝ちます。

070

世の中というもの

自分のできることを全力でやっている人を見落とすほど、
世の中は厳しくはありません。
そして人は
「人の助けなんかいらないというくらい自力を出している人」
に力を貸したくなります。
まずは自力を出すこと。
その自力があってこそ、はじめて周りの他力が動き始めるのです。

覚悟

071

困難が向こうから去っていく人

困難は逃げる人がとても好きです。

逆に向き合ってくる人はとても苦手です。

「波乱万丈かかってこい！」

そう思っていれば、
困難が向こうから逃げていくものです。

優しさを我慢するな

人がいじめられているのを見て見ぬふりをした。
電車で困っている人に席を譲れなかった。
本当は手伝えるのに、
ひとりだけいい子になりたくなくて先に帰った。
人は自分の中にある優しさを解放できないと傷つくものです。
困った人がいるから助ける。
そこにためらう必要はありません。
周りの目を気にして
我慢する必要はないのです。

覚悟

073

去り際の美学

魅力のある人は引き際、去り際が綺麗です。
「あの人いつまでいるつもりなんだろう」
と思われるようなことは決してありません。
必要なところまではしっかりと役割を果たし、
周りの幸せを見届ける。
そして気がついたらいなくなっています。
決して跡を濁《にご》さずに。

覚悟

074

いくつ持てる？

人を受け入れる覚悟。
言うべきことは言える覚悟。
大切な人が間違った方向に行っているときに
ちゃんと止めることができる覚悟。
自立する覚悟。
お金をしっかり稼ぐという覚悟。
人を信じる覚悟。
そして大切な人を守っていける覚悟。
覚悟した数の分だけ、
あなたの人生はさらに輝きを増していきます。

覚悟

075

覚悟を決める

人間、結局肚《はら》を決めた人がいちばん強いのです。

使命という自分の命の使い方

あなたには大切にしたい誰かがいますか？
その人は笑っていますか？
その人を幸せにするために、あなたは命をどう使いますか？

第5章

自分を成長させる言葉

077

その常識、本当に正解ですか？

自分が当たり前に思ってきたことをもう一度見直す。
ここから自分のイノベーションが始まります。
自分の当たり前を疑うことで、
世間や親から刷り込まれてきた
思い込みや常識に縛られている自分に気がつくはずです。
うまくいく人の常識は凡人の非常識です。
ようこそ、常識の外の世界へ。

成長

078

ここを磨けばすべてがよくなる

よくよく考えると、私たちの行動は心を司令塔として生まれます。

ということは、この司令塔の存在をしっかりと磨いておけば、行動も必然的に磨かれるということになります。

ひとつひとつの細かい球にこだわるより、発射台であるこの司令塔磨きに力を入れることを優先すれば、必然的にいい結果が手に入るのです。

079

バッターボックスに立つ

塁に出るチャンスは、
バッターボックスに立った人にしかやってきません。
「空振りをしてもいい。
とにかく一度でも多く打席に立つんだ」
と思える勇気が、
あなたを光ある未来へ連れていってくれます。
運の良さはバッターボックスに立った数に比例するのです。

成長

080

ふたつのチーム

「人を幸せにしよう」という思いのある人の周りには、
同じように「人を幸せにしよう」と
志す人たちが集まってきます。
こういう仲間はあなたがピンチのとき助けてくれます。
「自分だけ幸せになろう」という人の周りには、
同じように「自分だけが幸せになりたい」という
人たちが集まってきます。
こういう仲間はあなたがピンチでも
自分の幸せを優先しようとします。
あなたはどちらのチームに属したいですか？

成長

081

賢者の検索

うまくいかない人は、
「なんでうまくいかない？」といつも脳内検索しています。
うまくいく人は、
「どうすればうまくいく？」といつも脳内検索しています。

成長

082

自分を俯瞰《ふかん》する

自分の立ち位置が見えていない人は子どもです。
自分をかえりみずに人の批判ばかりしている人も子どもです。
地に足のついている人は、
がんばっている人間に対して、 無駄な評論などしません。
そんな時間があるなら、
自分を成長させることに時間を使うのです。

083

「人のせい」をやめる

「自分が出世できないのは、あの上司のせいだ」

「企画がうまくいかなかったのは、予算をくれなかった経理部門のせいだ」

「就職できないのは、社会のせいだ」

この「人のせいにする病」にかかっている人はたくさんいます。

その瞬間は楽になりますが、人のせいと言う習慣を続ける限り、決して本当の成功や幸せはやってきません。

成長

084

伝える人の資格

人が聞きたいのは、結果を出した人の言うことです。
ですから、結果を出すことから逃げてはいけません。
そこをせずに、人にものを伝えようとしても、
そんなに世の中は甘くはありません。
結果がすべてではありませんが、
結果は絶対に必要なものなのです。

085

すべては今のあなたにちょうどいい

今の自分に起きること、
その時点での自分のレベルに合ったことしか起こりません。
それを自分ではなく、周りのせいにし続けると、
その人が自分で気づくまで同じようなことが起こり続けます。
嫌な人も現れ続けるし、嫌なこともされます。
それが嫌なら一日でも早く自分のレベルを上げることです。

成長

086

その立場になってわかること

本当に役に立ったり、成長につながるための話は、
ときに聞きづらい話だったり
耳の痛い話だったりすることが多いものです。
そして言われた時点ではわからなくても
「あの人があのとき言ってくれたことはそういうことなんだ」
と後でわかるものです。
上司になる。親になる。起業して社長になる。
人は自分自身がその立場になり、体験したとき、
言ってくれた人の愛にはじめて気づくものです。

成長

087

心が折れてもいい

大切なのは、
折れない心をつくることではなく、
折れてもそこから立ち上がるまでの
スピードを速くしていくことです。

成長

088

どうせやるなら

どうせやるなら、そのポジションで
日本一を目指してやることです。
「どうすれば誰にも負けない日本一の洗い場担当になるか？」
「日本一の接客員だったら、どんなことをやるのか？」
常に自分にそう問いかけながら仕事をするのです。
その気持ちで仕事に臨めば、
あなたはいつまでもそのポジションにいることはないでしょう。

成長

089

さっさと出世する

社会に出るとほとんどが底辺からのスタートです。
そこから這《は》い上がるために実績を残し、
競争を勝ち抜いてポジションを上げることで初めて、
ようやくやりたいことができるようになる、
という仕組みになっています。
だからこそ、若いうちはやりたいことを語る前に、
求められることを全力でやることを先決したほうが賢明です。

成長

090

変わらないために変わり続ける

誰もができれば今のままでいたいと思っています。
しかし残念ながら、時代もビジネスも人間関係も人生も
個人の都合など容赦《ようしゃ》なく変化していきます。
そんな中で、成功し続けるためには
状況に合わせて変化していく勇気が必要ということになります。
変化することが、本当の安定を生み出すのです。

成長

091

違う考えを否定しない

常に成長する人は自分の考え方に固執しません。
例えば自分の考え方と違う人やセオリーに出会ったとき、
「でも」や「違うだろ」という言葉を
いったん脇に置いておいて、
「なるほど、そんな考えもあるんですね。
新しい視点で勉強になりました」
と受け入れます。
こうして相手の価値観を肯定できる人には、
さらに有益な情報が集まります。

成長

092

誰の影響を受けるか

「どんな人に影響を受けたか」が、
その人の一生を決める大きな要因になります。
人は影響力の大きい存在にひっぱられ、染まります。
ということは、
自分の憧れのモデルを見つけて、
その人のそばにいるようにすれば、
影響を受けてどんどん成長できるということになります。

093

無理な注文

楽して成功？
その方法を見つけ出すほうが楽ではありません。
そもそもそんなものがあるのなら、
もうとっくに標準化されているはずです。

成長

094

本当にそれでいいのか？

「今のままでいい」

「そのままでいい」

こう言われると安心します。

しかしそもそも、今のままではよくないから
こうして学んでいるのではないですか？

095

後で楽をするために

「嫌なら逃げればいい」
「苦労したって無駄」
この甘い文句通りに行動して成功した人を
あまり見たことがありません。
「成長には多少のリスクや痛みを伴うことは当然」
どれだけ敬遠されようが、
この言葉はやはり真理なのだと思います。
いつも楽なほうを選んで自分を甘やかせば、
あとで甘やかされた自分に苦労させられるのも
他ならぬ自分です。

成長

096

自分と向き合う

自分と向き合うことはとても勇気がいります。
自分の情けなさや甘さに
打ちのめされることもあるかもしれません。
しかし、その作業をせずに英雄になった人は、
いままでの歴史の中でひとりも存在しません。

成長

097

チャンスの見つけ方

本当の近道は、遠回りの顔をしてやってきます。
本当のチャンスは、ピンチの顔をしてやってきます。

成長

098

頭より心

成功する人と平凡な人生で終わる人との差は紙一重です。
それは頭の良し悪しではなく、心の良し悪しです。

成長

99

だからあの人はうまくいく

結局は好きが最高、好きが最強。

第6章

人間関係が楽になる言葉

人間関係

100

誰にでも好かれなくていい

神様でさえ、
他信仰を含むすべての人から好かれることは不可能です。
どんな人気アイドルでもその人を嫌う人は必ずいます。
つまり、「誰にでも好かれること」は「超神ワザ」なのです。
神様やトップアイドルでもできないことに、
一生懸命挑戦するのはやめましょう。

人間関係

101

人は正論よりも感情

一見、決まりや正論で動いているように見える
世の中のほとんどは、
実は「感情」に基づいて動いています。
ビジネスも、人間関係も、コミュニティも、
「好き嫌い」が結果に大きく影響を与えています。
うまくいく人は「感情の達人」なのです。

人間関係

102

相手を変えようとしない

部下が思いどおりに動いてくれない。
パートナーの欠点がいつまでも直らない。
子どもが勉強をしてくれない。
いくら悩んだところで、残念ながら相手は変わりません。
その相手を変えようとすることは、
走らない馬を無理に走らせようとするようなものです。
無理に自分を変えようとされたとき、あなたが嫌がるように、
相手もそうされるのは嫌なのです。

人間関係

103

踏み込み過ぎない

例えば、あなたが好きな人に喜んでもらおうとして、
精一杯がんばったとします。
あなたができることは、実はここまでです。
相手が喜んでくれるかどうかは、
相手の領域の問題なのです。
ですから、「どうして喜んでくれないの？」
と考える必要はありません。
変えられない相手のゾーンまで踏み込んで、
悩んでしまう必要はないのです。

104

人を分け隔てしてもいい

大切な時間を誰のために使うのか?
誰の話を聞き、誰に寄り添っていくのか?
そこをジャッジすることは悪いことではありません。
あなたの時間は有限なのですから。

人間関係

105

返ってくる与え方

与えても返ってこない人に、執着し続けるのはやめましょう。
いつまでもそうやってエネルギーを注ぎ続けていると、
あなた自身が枯渇してしまいます。
返ってこなかったとしたら、
それは「与えても返ってこない」ということではなく、
ただ単に「あなたが与えるべき人を間違っている」
だけのことです。

もっと受け取っていい

受け取り下手な人は、
思わぬところでチャンスを逃してしまいます。
「私なんかが」
この口癖を使うのはやめましょう。
これは謙遜《けんそん》の言葉ではなく、
相手の好意を無駄にしてしまう傲慢《ごうまん》な言葉だと考えましょう。
いただいたものをすぐさま受け入れるために、
「私は受け取っていい人間なんだ」と
あらかじめ自分に言い聞かせておくことが大切です。

人間関係

107

器《うつわ》が試される瞬間

既存の組織に新人が入ってきたとき、
どんな接し方をするのかでその人の器がわかります。
自信がない人は、
それまでの自分のポジションを死守しようとします。
器のある人は、後から来てくれた人を大切にします。
大切なのは後から来る人に対する迎え方、そして器なのです。

「快」を与える

人は誰も、自分にとっての「快」をいつも探しています。
もっと簡単に言えば、人は「快」で動きます。
モノ、お金という物質的なもの。
安心感、愛、自己肯定感という精神的なもの。
あなたは相手にどんな「快」を与えることができていますか？

人間関係

109

あなたが与える三つのもの

いますぐあなたが与えることができる簡単なこと。
一つ目は、笑顔でいること。
二つ目は、相手の話に興味を持って耳を傾けて聞くこと。
そして三つ目は、思いやりを持って相手に温かい言葉をかけること。
この三つです。

人脈は狭いほうがいい

「人脈は、広ければ広いほどいい」と
ただ無条件に信じ込んではいませんか？
実は人脈は、狭ければ狭いほどうまくいきます。
ただしこれには条件があります。
ただ狭ければいいというものではありません。
つながっている人との深さは、
限りなく深いということが条件です。

人間関係

111

賛成者を大切にする

二・六・二の法則というものがあります。
なにかアクションを起こすとき、
二割が賛成・六割はどっちでもいい・残り二割が反対、
という割合に分かれるという法則です。
ただし、この真ん中の六割は、思いが強い二割になびきます。
つまり、あなたに賛成してくれる人を
徹底的に大切にしていくほうが、
結果として、あなたの味方が増えていくということになります。
反対の二割の人たちに時間を使うのは効率的ではありません。

人間関係

112

スタンスを持つ

「人に対してこれはやらない、これは必ず守る」
自分に対してだけでなく、
人に対する自分なりのスタンスを持つことは
とても大切なことです。
そこがあるかないかで周りの人たちの
あなたに対するスタンスも変わってきます。
自分の中にしっかりとしたスタンスを持つ人間は、
人とのスタンスも上手になるのです。

人間関係

113

「好き」で人生の時間を埋め尽くす

嫌いな人に使う時間を減らす解決策はただ一つ。
好きな人や好きなことに使う時間を、今の何倍にも増やすことです。
その時間を増やせば、
必然的に嫌いな相手と過ごす時間も悩む時間もなくなります。
人生を豊かにするコツは、実は簡単で楽しいことなのです。

人の痛みを知る

人間関係に不可欠なのは、相手の気持ちを察すること。
もっと簡単に言えば、人の痛みがわかるかどうかです。
過酷な下積み時代を経た人。
極貧生活を味わった人。
修羅場《しゅらば》をくぐった人。
挫折を乗り越えてきた人。
そういう人は自分の経験を通して、
人の痛み、悲しみ、切なさを知っています。
だからこそ、人に優しくできるのです。

第7章

好かれる人になる言葉

優しさとは？

店員に丁寧《ていねい》に接する。
タクシーの運転手に威張らない。
部下をないがしろにしない。
権力を行使できる立場にある人が、立場の弱い人を大切にする。
これが本当の優しさです。

相手の立場に立って考える

日本ではクリスマスにサンタクロースは、
雪道にソリを引いてやってきます。
しかし、オーストラリアに行くと、
サンタは水着を着てサーフボードに乗ってやってきます。
食事のときの立てひざは日本では怒られますが、韓国では礼儀です。
上司の立場、部下の立場、お客の立場。
自分の立っている場所によって、物事はすべて見方が変わります。
立場や角度を少し変えて眺めるだけで、
いろんなものが多面的に見えてくるから不思議です。
みんなそれぞれの見方があるのです。

簡単に魅力を上げる方法

「すごい人なのにいばらない」
「ぼーっとしているように見えて
とんでもない仕事を成し遂《と》げる」
「強い立場にいても、誰にでも気さくに接する」
魅力とはギャップに宿ります。
ここから先、いくらすごい結果を出しても
今のままの気さくなあなたでいればいいだけです。

いい出会いを手にする人

出会いを求める人が陥《おちい》りがちな罠《わな》。
それは
「いい人と出会えば、その人が助けてくれて自分は楽に成功できる」
と思ってしまうことです。
しかし、人が助けたくなるのは、
自分のやるべきことをしっかりとやっている人です。
そう考えたとき、本当の良き出会いとは、
正当なる努力をしている人のみに与えられるプレゼントなのです。

大切な人の大切な人を大切にする

有名な人にはペコペコするのに、
その人のスタッフには偉そうにする人。
彼女は大切にするのに、
彼女の友達や家族を邪険に扱う人。
大切な人の周りの人を大切にできるかどうか。
ここが愛される人になれるかどうかの鍵となります。

好かれる

120

今ある縁を大切にする

うまくいく人はみな、「縁」という言葉を大切にしています。
見ず知らずの人とコネを作ることより、
今、自分とつながりのある人との「縁」を
心から大切にしているのです。
そして、その人たちとの関係を深めることを
意識して行動します。
だからこそ、黙っていても、
新たな「縁」がどんどんやってくるのです。

好かれるよりも大切なこと

人といいコミュニケーションを取っていくために
まず大切なこと。
それは「好かれる前に、まずは嫌われないこと」です。

好かれる

122

好かれる人の話し方

好かれる人は自分の失敗談を話します。
嫌われる人は自分の成功談を話します。

123

英語を学ぶ前に

世界の共通語、それは英語ではなく笑顔です。
まず先に笑顔を身につけることを心がけましょう。

好かれる

124

話し上手になるいちばんの近道

会話が上達する方法、
それはできる限り苦手な人との会話を避け、
その分、話しやすい人との時間を増やしていくこと。
これがいちばんの近道なのです。

無理して人を笑わせなくていい

人は、笑わせてくれる人よりも、
自分の話を聞いて一緒に笑ってくれる人を好きになります。
このことを理解しておくと、
自分がたくさんしゃべらなくても、
流暢《りゅうちょう》に話ができなくても、
相手に気に入られようと無理にいい話をしなくても
簡単に人から好かれます。

好かれる

126

肯定する

「うなずき」という漢字は、

「頷き」だけでなく「肯き」とも書きます。

つまり、「うなずく」という行為は、

「私はあなたを肯定しています」

という意思表示なのです。

ただ聞くだけで

人の話を聞く。
これは一見地味なことかもしれません。
しかし、与える安心感は、
相手にとって想像以上に大きなギフトなのです。
たったひとりでもいい。
今度はあなたがその安心感を与える側に回ってください。
話を聞いてもらいたい人が、あなたのことを待っています。

好かれる

128

「また」を追求する

『また会いたい』
『また行きたい』
『また聞きたい』
出会った人にそう思わせる力。
それが魅力です。

129

こうすれば宝はすぐに手に入る

人は自分に優しくしてくれる人を好きになり、
そしてその人のために動きたくなります。
人を大切にするということはつまり、
相手を自分にとっての宝に変えるのと同じことです。
人こそ宝なのです。

好かれる

130

イカした人生

いつも出会った人に何かできることをしている人は、
いつ誰に何を施《ほどこ》したのかをいちいち覚えていません。
「見返りがどこから誰から飛んできたのかさえわからない」
というのもイカした人生ですね。

魅力の法則

人は自分が欲しいものを与えてくれる人のもとに集まり、
自分から何かを奪う人からは離れていきます。
つまり、
「この人から何をもらえるか」ではなく、
「自分がこの人に何ができるか」を考えれば、
相手にとってあなたは、必然的に魅力的な人になるのです。

第8章

仕事が楽しくなる言葉

仕事の本質

その仕事が存在し続けているということは、
求めるお客さんが常にいるということです。
仕事とは喜ばれること。
つまり『フォーユー』が仕事の基本です。
そのフォーユーを積み重ねた人のもとに収入が集まって、
結果的にフォーミー、つまり、自分が豊かになるのです。

仕事

133

応援するのは好きですか?

快適な生活を応援する。
スムーズな移動を応援する。
仕事の効率化を応援する。
おいしい料理を通して団らんを応援する。
世の中の仕事は
すべて「応援」だと言い換えることができます。

仕事

134

非効率を追求する

効率の中から決して感動は生まれません。
非効率なことだからこそ人は感動するのです。
お客さんは、
おもてなしをする側の気持ちをしっかり感じ取ります。
『私ひとりのためにここまでしてくれたなんて』
そう思ったときに感動が生まれるのです。
他のお店がめんどくさがってやらないことを
一生懸命考え、行動したとき、
その先に大きな光が待っています。

仕事

135

周りに花を持たせる

この世にひとりで完結できる仕事はありません。
できる限り多くの支えてくれた人に
「おかげさま」という
花を持たせることを忘れないようにしましょう。
そうすれば次、あなたはもっと大きな仕事ができるでしょう。

衆知を集める

親や周りの人の力を利用できれば、
それは全部その人の実力です。
七光りなんて言葉はしょせん周りの妬《ねた》みややっかみ。
そんなことは気にせずに、使えるものは使って、
お客さんを喜ばせることができる、
そんな仕事力の高い人になりましょう。

仕事

137

「何をするか」より「誰とするか」

「何をするか」も大切ですが、それ以上に大切なのは
「誰とするか」です。
同じ仕事をするのに、
好きな人とするのと嫌いな人とするのとでは、
モチベーションがまったく変わります。
それと同じように、好きな人、尊敬する人、
大切にしたい人と一緒にいるだけで、
あなた自身のパフォーマンスは簡単に上がるのです。

知恵を出すか、お金を出すか

仕事でお金が自分の手元から出ていっているときは、必ずと言っていいほど頭を使っていないときです。

仕事

139

チャレンジすることの意味

漠然と自分が嫌いだと思っていたことが、
やってみると、「こんなに面白いものだったのか」
と気づいたり、
「なんで早くやらなかったんだろう」
と後悔することもあります。
チャレンジとはつまり、
あなたが新しい自分と出会うためにあるのです。

仕事

140

たまにはやらされてみる

多くの場合、天職との出会いは、やりたいことより、
人から無理やりやらされたことから始まります。
いやいややらされたものの、
やってみるとスムーズにいく。
本人は驚く。
そして、やっていくうちにハマっていく。
天職にたどり着くパターンは、この進み方がいちばん多いのです。

仕事

141

自らしかける癖を身につける

言われたことをやるだけでは普通の人で終わります。
言われたこともできない人は問題外と処理されます。
ではどうすればいいのか?
自分から仕事を探してクリアしていくのです。
いやいややっても、その仕事を楽しみながらやっても、
やる仕事は同じです。

とりあえず言ってみる

あなたが今より多くチャンスを摑《つか》むのは、簡単です。
「とりあえず言ってみる」癖をつけるだけでいいのです。
チャンスがあれば、とりあえず手を出してみる。
欲しいものがあれば、とりあえず言ってみる。
仕事の結果は、実力のあるなしよりも、
自分の思いややりたいことを
きちんと人に伝えられるかどうかで決まります。

仕事

143

売る前より、売った後

本当に仕事ができる人は、
売る前より売った後を大切にします。
そうすることで「すでに買ってくれた人」の
感動の総量をひたすら増やし続けます。
だから今いるお客さんやファンがさらに感動して、
さらにお客さんを連れてきてくれるのです。

144

慣れたときに気をつける

落とし穴は、慣れの中に生まれます。
仕事に慣れたと思ったとき、この言葉を思い出してください。

仕事

145

どれだけ優秀な人を集めるか

優秀な人とは、
ひとりですべてをこなせる天才のことではありません。
周りにどれだけ優秀な人がいるかのことです。

仕事

146

リーダーの立ち位置

本来、組織はピラミッド状ではなく、
逆ピラミッド状が正しい形です。
本当のリーダーは
ピラミッドの頂点にいる人のことではありません。
逆ピラミッドのいちばん下で土台になれる人のことです。

仕事

147

それはあなたのせいじゃない

周りがそんなに辞めているにもかかわらず、
その原因を作っている人が
ずっと居座れる体制自体がいちばんの問題です。
これはリーダー、つまり経営者の責任です。
そんな場所でいつまでも我慢する必要はありません。

仕事

148

自分が壊れるまで我慢しない

仕事とは、
自分の心を壊してまでやるほどのものではありません。
「辞めたら次がない。だから今のところで我慢しよう」
そう考え我慢し続ける人は少なくありません。
しかし、そんなところで自分を押し殺すくらいなら、
もっとあなたに合ういい職場があります。
この世の中に、
会社はごまんとあることを覚えておいてください。

仕事

149

運のいい転職ができる人の条件

転職すると決めたとき、
退職願を出すのは三ヶ月先にすべきです。
三ヶ月間、その職場で自分の出せる
すべての力を使って仕事をし、その後退職願を出しましょう。
これができると、その後の仕事人生は大きくいい方向に変わります。

150

起業するときに覚えておくべきこと

守破離《しゅはり》のルールで考えると、起業に関しては、たいがいの場合、『守』の部分だけを徹底的にやれば、ある程度はうまくいきます。

わざわざ世の中にないものを生み出そうなんて考える必要はありません。

仕事

151

仕事の不思議

仕事を好きになるのは簡単です。
まずは今、目の前にある仕事をとことん突き詰めてみることです。
仕事とは不思議なものです。
どんな職種であったとしても、
真剣にやればやるほど
面白くなってくるという特性を持っています。
だいたいにおいて『仕事が好きになれない』というのは、
その仕事を一生懸命やっていない人から出てくる言葉です。

仕事とどう向き合うか？

どんな仕事をするのかではなく、
あなた自身がなぜ働くか、どう働くかのほうが大切です。
仕事の選び方で悩むより、
今ある仕事への向き合い方を考えたほうがうまくいきます。

仕事

153

憧れ

どうせ働くのなら、弱音を吐かずに気持ちよく働く。
その姿が周りの人から
『あの人って、かっこいいな』
『自分もがんばってああなりたいな』
と言われるようになります。
そのときあなたは次世代の憧れになります。

154

自分商店

あなたが田中さんなら、働きに出る以上、
あなたは田中商店の社長です。
あなたは雇われているのではなく、
会社を相手に仕事を受注しているのです。
受け取った報酬以上のサービスを
相手に渡すことができる会社や商店は必ず繁盛します。
あなたはすでに社長なのです。

第9章

明日がいい日になる言葉

155

たったのこれだけでいい

いい明日をつくるのは簡単です。
朝起きたら
「今日は必ずいい日になる」
と口にする。
寝る前に一日を振り返って、
よかったことに感謝する。
たったこれだけを習慣にすることで
あなたの明日はいい方向に大きく舵を切ります。

希望

156

今まで？　今から？

「今までこうだったから」ではなく、
「今からこうなるんだ」という考え方に
フォーカスしてください。
過去の延長線で生きると決めた人の未来は、
今日までの自分です。
輝かしい自分というゴールを設定した人の未来は、
輝かしい自分ということになります。
ただそれだけの違いです。

157

いちばんがんばってくれている人へ

何ができなかろうが、何を持っていなかろうが、
まずはあなたがあなた自身の味方でいること。
そして、あなた自身に感謝すること。
あなたが自分をしっかりと認めていさえすれば、
周りの評価に一喜一憂する必要はありません。
もっと自分を好きになりましょう。
この世であなたのためにいちばんがんばってくれている人。
それは他の誰でもなく、あなた自身なのですから。

希望

158

コップから水が溢《あふ》れるからこそ

あなたの器から幸せの水が溢れると、
周りにも幸せの水が注がれます。
自分を大切にすることは、決してエゴではありません。
自分自身を満たせば満たすほど、
あなたは周りの人にも優しくなれるのですから。

筋を通す

人の道というと少々硬くなりますが、
お世話になった人たちに義理を通して
損をするようなことは何もありません。
うまくいく人は、何にも先駆けて、
お世話になった人への恩と筋をいちばん大切にします。
感謝こそがいい人生の鍵なのです。

希望

160

「ない」より「ある」を見る

不思議なことに、お金もチャンスも、そして人も、「いつも感謝している人」に集まってきます。

「ないもの」を悔やむことに心を砕くのではなく、まずは「すでにあるもの」にしっかりと感謝をしましょう。

不思議とまた欲しいものが寄ってきます。

根っこを大切にする

絆《きずな》という言葉には縦軸があります。
それは先輩、先人、ご先祖といった、
過去を生きた人たちとの関係軸のことです。
その存在を大切にするということは、
自分を一本の木にたとえたとき、
根っこに水をやるのと同じことです。
今生きている人との横軸だけでなく、
縦軸の絆をしっかりと大切にする人はうまくいきます。

希望

162

いつかくる幸せのために

あなたが歩みを止めずに、
いつの日か本当の幸福にたどり着いて振り返ったとき、
「あの苦しさがあったからこそ、今の自分がつくられたのだ」
と感謝できる日が必ずきます。
あなたが今、逃げ出したいと思っているその苦しさは、
いつの日か輝かしい過去の礎《いしずえ》に必ず変わります。
この泥が、あればこそ咲け、蓮《はす》の花。
あなたの今の苦しさは、そのときのためにあるのです。

感謝が完成する瞬間

「感謝」という言葉は、
「報恩《ほうおん》感謝」の「報恩」を省略した言葉であり、
「恩を感じた人に最高の礼をもって報いる」
という意味の四字熟語です。
つまり、本来、「感謝」とは、相手の恩に対して
報いたとき、初めて成立するものなのです。
感謝と同時に恩返しの実践を心がけてみてください。
いろいろなことが好転し始めるはずです。

希望

164

あなたという時間

人生は生きれば生きるほど死に近づいていくという、
やっかいな性質を持っています。
しかも、このラストがいつ来るかわからないから
なおのことやっかいです。
必ずやってくるそのラストに向けて、
笑って暮らすのか、悩みながら暮らすのか、
それはあなたの考え方一つ。
お一人様一回限りの「あなたという時間」をどう生きますか？

希望

165

もしこの時間が最後だったとしたら？

時には夢を語り合った仲間と別れることだってあります。
大切な人と死別することもあるでしょう。
いろんな別れを経験すればするほど
出会いの裏には別れがあることを知り、
人はひとつずつ大人になっていくのです。
今、あなたの目の前にいる人とも、
いつか必ずお別れの瞬間がきます。
もし今の時間が最後だったとしたら、
あなたはその人にどう接しますか？

希望

166

「ありがとう」をする

人がいちばん感謝ができる瞬間。
それは別れのときです。
死別、愛する人との別れ、卒業。
お別れするものに対して、「今までありがとう」という
感謝の気持ちを添えましょう。
人もそう、モノもそう。
別れるときは、心の中での「ありがとう」を忘れずに。
その「ありがとう」が言えたときはじめて、
あなたの新しい道が始まるのです。

希望

167

あなたが幸せでいることで

あなたがご機嫌でいることで、家族は幸せに過ごすことができます。
あなたが笑顔でいることで、職場の人たちが安心します。
あなたが幸せでいることで、周りにいる人たちも幸せになれます。

希望

168

周りに火を灯《とも》す

幸せな人の人生は
キャンドルサービスのようなものです。
自分の火を周りに灯すことで、
自分を中心に周りがどんどん明るくなっていきます。
もし自分の火が消えそうになったとしても、
そのときは周りの人が再び灯してくれます。
周りに愛を与えることで、
自分の周りに愛があふれるのです。

母の教え

「この世にはね、神様がいるの」

「俺、神様なんかに会ったことないからわからないよ」

「ううん、いる。それはね、『おかげさま』っていう神様。

あなたが着ている服、履《は》いている靴、
これは全部『おかげさま』がつくってくれたものなの。

その『おかげさま』の存在を忘れたらダメだよ。

そしてね、いつかあなたが誰かの『おかげさま』になるの。

喜ばれる人になりなさい」

もし今、生きていたら母に伝えたいことがあります。
このことを教えてくれてありがとう。
そして私を産んでくれてありがとう。

あなたに会えてよかった

人間には二つの種類があります。

それは、喜びや感動を与える側と与えられる側、

「あなたに会えてよかった」

そう言われる人生を。

希望

171

幸せでありますように

これからあなたが誰かと向き合うとき、
「幸せでありますように」と祈りながら
接してみてください。
不思議とあなたの気持ちは相手に伝わります。
あなたが明日も幸せでありますように。

おわりに

ここまで読んでくださってありがとうございます。

今書き終えて思うこと、それは「言葉とは贈り物である」ということです。

これまでの私の人生は失敗と挫折の連続でした。

そんなとき、先輩からかけてもらった一言や、読んだ本の一行に支えてもらったおかげで、今があります。

そうやって言葉に支えてもらってきた自分が、今こうしてあなたに言葉を届けることができているということ。

それは、言葉というものが、過去から未来へ、先輩から後輩へ、そして親から子どもへ、様々な形で、人から人への贈り物にもなるということなのです。

もしこの本の中で、あなたの心に響く言葉があったとき、次はあなたがその言葉の贈り手側にまわっていただきたいと願います。

例えば、目の前に悩んでいる人がきたとき。

例えば、人を励ます立場に立ったとき。

例えば、人に何かを贈ろうと思ったとき。

そんなとき、この中にある言葉を使って伝えていただいたり、もしくはこの本を直接プレゼントとして使っていただいたりと、何らかの形でこの本が言葉のリレーのツールになれたとしたら、著者としてこんなに嬉しいことはありません。


この場をお借りして、今回の企画をくださり、プロジェクトリーダーとしてこの本を作ってくださった徳間書店の野間裕樹編集長、編集協力の遠藤励子さん、池田美智子さんに心から感謝いたします。

最後にこの本に出会ってくださったあなたに心からの感謝と祝福を。

あなたの明日が晴れますように。

永松茂久

永《なが》松《まつ》茂《しげ》久《ひさ》

大分県中津市生まれ。2001年、わずか3坪のたこ焼きの行商から商売を始め、2003年に開店したダイニング陽なた家は、口コミだけで毎年約4万人を集める大繁盛店になる。

自身の経験をもとに体系化した「一流の人材を集めるのではなく、いまいる人間を一流にする」というコンセプトのユニークな人材育成法には定評があり、全国で多くの講演、セミナーを実施。「人の在り方」を伝えるニューリーダーとして、多くの若者から圧倒的な支持を得ており、講演の累計動員数は約70万人にのぼる。2016年より、拠点を東京麻布に移し、現在は自身の執筆だけではなく、次世代の著者育成、出版コンサルティング、経営コンサルティング、出版支援オフィス、講演、セミナーなど、数々の事業を展開する実業家である。著作業では2021年、『人は話し方が9割』(すばる舎)がすべての書籍を含む日本年間ランキングで総合1位(日販調べ)、2022年にはビジネス書部門で史上初の3年連続1位(日販調べ)に輝き、135万部を突破。著書に、『人生を言いなりで生きるな』『40代をあきらめて生きるな』『30代を無駄に生きるな』『20代を無難に生きるな』『人生に迷ったら知覧に行け』『影響力』『心の壁の壊し方』『男の条件』(きずな出版)、『人は聞き方が9割』『リーダーは話し方が9割』『喜ばれる人になりなさい』(すばる舎)、『君は誰と生きるか』(フォレスト出版)、『悩まない力』(徳間書店)など多数あり、書籍累計発行部数は410万部を突破している。

心に響く言葉

2024年3月31日　第1刷

著者　永松茂久
発行者　小宮英行
発行所　株式会社徳間書店
〒141-8202
東京都品川区上大崎3-1-1
目黒セントラルスクエア
電話　編集　03-5403-4349
販売　049-293-5521
振替　00140-0-44392
本文印刷　本郷印刷株式会社
カバー印刷　真生印刷株式会社
製本所　ナショナル製本協同組合

ISBN978-4-19-865803-8